그래, 잘될 거야!

스콜라 scola_가치 있는 책을 만드는 아름다운 책 학교
(주)위즈덤하우스의 아동·청소년 브랜드입니다.

글 정란희
전라남도 무안에서 태어나 서울예술대학에서 문학과 연극을 공부했습니다. 초등학교 교과서에 실린 《우리 이모는 4학년》이 〈국제신문〉 신춘문예에 당선되어 작품 활동을 시작했습니다.
지은 책으로는 《난 너보다 커, 그런데》, 《우리 형이 온다》, 《짚처럼 풀처럼》, 《행운가족》, 《우리 가족 비밀 캠프》, 《괜찮아 아빠》, 《엄마의 팬클럽》, 《바다에 가고 싶어요》, 《나쁜 말은 재밌어!》, 《쿠키전쟁》, 《아빠는 슈퍼맨 나는 슈퍼보이》 등이 있습니다.

그림 최현묵
서울에서 태어나 대학에서 시각디자인을 공부하고, 한국일러스트레이션학교(HILLS)에서 일러스트를 공부했습니다. 그림책 모임 '미루나무'에서 활동하고 있으며, 항상 어린이들과 재미있고 다양한 그림책으로 만나기 위해 노력 중입니다.
그린 책으로는 《코끼리 아줌마의 햇살 도서관》, 《괴물과 나》, 《기적의 동물 마음 상담소》, 《나무도령 밤손이》, 《귀신 단단이의 동지 팥죽》, 《덜덜덜, 겁이나요》, 《도서관 할머니, 책 읽어 주세요》 등이 있습니다.

좋은습관 길러주는 생활동화 14

긍정적인. 아이로. 키워주는. 책.

그래, 잘될 거야!

글 정란희 | 그림 최현묵

행복의 빛을 주는 긍정!

환하게 웃는 얼굴은 누가 봐도 예쁘고 아름다워요. 친구의 웃는 얼굴을 보면 기분이 좋아지지요. 우리의 얼굴을 웃게 하는 것이 바로 긍정적인 마음이랍니다. 같은 일을 하면서도 밝고 긍정적인 마음으로 하는 친구의 얼굴과 짜증을 내며 하는 친구의 얼굴은 빛과 어둠처럼 다르게 나타나지요.

생활하다 보면 항상 기쁜 일만 있을 수는 없을 거예요. 언제나 즐거운 일만 생기지는 않지요. 하지만 그런 일들을 긍정적인 마음으로 대하느냐, 부정적인 마음으로 대하느냐에 따라 우리의 삶은 스스로 행복해지기도 하고 불행해지기도 한답니다.

물이 절반 담긴 유리컵 실험 이야기를 들어 보았나요? 물이 절반 담긴 컵을 보고 어떤 사람은 이렇게 말했대요.

 "아직도 물이 반이나 남았네."

하지만 옆에 있던 사람은 다르게 말했다는군요.

 "물이 반밖에 안 남았네."라고요.

그런데 나중에 그 사람들이 어떻게 살아가는지를 알아봤더니 물이 반이나 남았다고 말한 사람이 훨씬 행복하고 더 성공적인 삶을 살고 있었대요. 그건 긍정적으로 생각하는 사람들은 어떤 일에도 희망이 있다고 생각하고, 포기하지 않기 때문이랍니다. 무슨 일을 만나든 더 열심히 하게 되니까요.

저는 우리 어린이들이 모두 행복했으면 좋겠어요. 이 책의 주인공 나나도 마찬가지고요. 나나도 처음에는 불평과 불만이 많아 투덜투덜 삐죽이라는 별명이 붙었지만, 나중에 좋은 생각, 밝은 생각으로 무엇이든 열심히 할 때에는 얼굴에서 반짝반짝 빛이 났지요. 이런 긍정적인 생각은 자신에게도 힘이 되지만, 가까이 있는 친구들에게도 행복을 나눠 준답니다.

여러분도 긍정적인 마음을 갖는다면, 더 아름답고 행복한 삶을 살게 될 거예요. 늘 좋은 생각, 긍정적인 생각으로 하루하루 즐겁게 생활하기를 바랄게요.

정란희

차례

작가의 말 • 행복의 빛을 주는 긍정! … 4

어차피 안 될 거야 … 8

투덜투덜 삐죽이 … 17

네가 하는 일이 그렇지 … 25

캠프장에서 생긴 일 … 30

마음 정원의 꽃 … 42

마음을 비추는 빛 … 55

틀림없이 잘될 거야 … 64

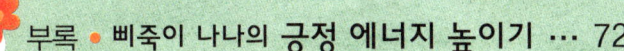
부록 • 삐죽이 나나의 **긍정 에너지 높이기** … 72

❶ 나의 부정 지수 테스트
❷ 친구와 함께 실천하기
❸ 긍정적인 말하기는 나의 힘!

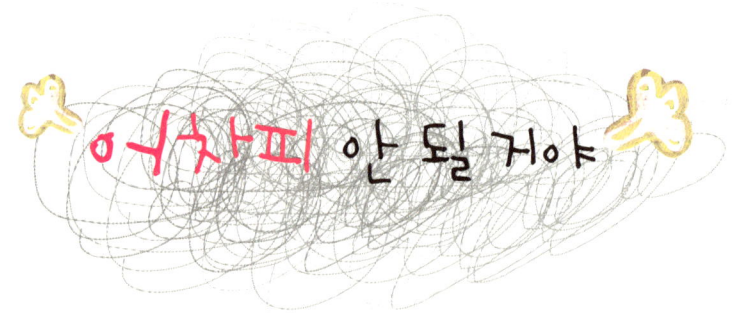

어차피 안 될 거야

"어차피 안 될 건데, 해서 뭐해? 괜히 힘만 들지."

나나는 이번에도 힘 빠지는 말을 했어요. 나나의 말에 모둠 아이들은 모두 할 말을 잃었어요. 벌써 네 번째예요. 모둠 아이들이 의견을 내놓을 때마다 나나는 고개를 저었어요. 아이들의 얼굴에서 웃음기가 사라졌어요. 의견을 낸 연지의 얼굴이 굳어졌어요.

나나네 반 아이들은 '멋진 학교 만들기 대회'를 위해 머리를 맞대고 고민하고 있어요. 잘해서 으뜸상을 타고 싶었거든요.

연지는 학교 끝나고 나서 후문 창고 앞을 깨끗하게 치우자는 의견을 내놓았어요. 다른 친구들은 모두 좋은 의견이라며 찬성

했지만 역시나 나나가 반대한 거예요.

"거긴 쓰레기도 엄청 많고 큰 돌들이 잔뜩 있잖아. 우리 같은 애들이 그걸 어떻게 치워?"

나나의 말에 기찬이가 눈치를 보며 말했어요.

"그래, 좀 힘들 수도 있겠다. 그럼 뭐 다른 건 없을까?"

나나네 모둠 아이들은 아무 말도 하지 않았어요.

그때, 옆 모둠에서 까르르 웃음소리가 났어요.

"우리 잘해 보자."

한 아이의 말에 이어 "앗싸!"라든가, "그래, 좋아! 우리가 꼭 으뜸상 타자!" 또는 "신 난다."라는 말이 쏟아져 나왔어요. 여러 명의 목소리가 한데 섞여 시끄럽긴 했지만 활기찬 모습이었어요. 교실을 꾸미거나 계단을 청소하거나 신발장 위에 화분을 놓자는 말들이 나왔어요. 의견이 나올 때마다 "멋지다!", "그것도 해 보자!", "함께 하면 돼!" 같은 말들이 나왔어요.

하지만 나나네 모둠은 그렇지 않았어요. 시간이 갈수록 아이들의 어깨가 축축 내려왔어요. 기찬이와 연지, 태호, 유진이가 나나를 바라보았어요.

 유진이가 나나 눈치를 보며 조심스럽게 손을 들었어요. 그리고 말했어요.

 "인사하는 건 어때? 학교에 올 때나 집에 갈 때 만나는 어른들한테 예쁘게 인사하는 거야. 좋은 학교를 만드는 데 꼭 청소나 꾸미기만 해야 하는 건 아니잖아. 우리가 인사를 잘하면 어른들이 우리 학교가 정말 좋은 학교라고 생각할 거야."

 "와, 그거 멋진데?"

 모둠 아이들은 모두 좋아했어요. 그때였어요. 또 나나가 말했어요.

 "체, 인사 같은 거 열심히 해 봤자, 교장 선생님께는 보이지도 않을걸? 상도 못 받을 걸 뭐하러 하냐?"

 유진이의 얼굴이 빨개졌어요. 그때였어요. 태호가 버럭 화를 냈어요.

 "난 더 이상 너랑 못 하겠어!"

 아이들은 모두 깜짝 놀라 태호를 쳐다봤어요.

"그럼 네 생각은 뭔데? 넌 뭘 할 건데? 왜 항상 반대만 하느냐고!"

태호의 목소리를 선생님까지 다 들었어요. 선생님의 눈이 커졌어요.

"거기 무슨 일이죠?"

태호는 숨을 씩씩거리며 말했어요.

"선생님, 저 다른 모둠으로 넣어 주세요."

아이들이 숨죽였어요. 뚜벅뚜벅 다가오는 선생님의 발소리가 크게 들렸어요. 선생님이 물었어요.

"왜? 무슨 일인데 그래요?"

그러자 태호가 나나를 보며 말했어요.

"김나나랑은 절대로 같이 못 하겠어요. 뭐 하자고 하면 항상 안 된다고만 하고, 어차피 안 될 거 왜 하느냐고 하고. 짜증 나 죽겠어요. 함께 있으면 힘이 빠진단 말이에요. 쟤랑은 모둠 못 해요."

"나나랑 태호, 잠깐 얘기 좀 할까?"

선생님은 나나와 태호를 복도로 불러냈어요.

나나의 얼굴이 팍 일그러졌어요. 복도로 나가는 나나 뒤에서 아이들이 수군대는 소리가 들렸어요.

"김나나랑 같은 모둠 안 돼서 정말 다행이야."

"쟤네 정말 짜증 나겠다. 그렇지?"

나나는 아이들의 말을 무시했어요.

복도에 나온 선생님 얼굴이 무서워졌어요.

"정태호, 모둠은 바꿀 수 없단다. 문제가 있어도 서로 이해하고 도우면서 해결하는 게 모둠을 하는 이유야. 그리고 친구에

게 소리치는 건 나쁜 태도인 거 알지? 나나한테 사과해."

태호는 억울하다는 표정이었지만, 선생님의 화난 얼굴에 어쩔 수 없이 "미안해."라고 말했어요.

선생님은 이제 나나를 보았어요. 선생님은 나나를 보며 숨을 크게 내쉬었어요.

"나나야, 넌 왜 계속 안 된다고 했니?"

"틀림없이 안 될 거니까요."

나나는 퉁명스럽게 대답했어요.

선생님은 나나를 지긋이 바라보았어요. 태호가 '보셨죠?' 하는 얼굴로 선생님을 봤어요. 태호는 '그거 보세요, 선생님도 짜증 나잖아요.'라고 말하는 것 같았어요.

나나네 모둠은 결국 회의 시간이 끝날 때까지 아무것도 정하지 못했어요.

수업 끝나는 종이 울리자, 선생님은 흙이 담긴 우유 팩을 교탁 위에 잔뜩 올려놓았어요. 우유 팩을 잘라 만든 화분이었어요. 흙 속에서 새끼손톱보다 작은 새싹들이 빠끔 얼굴을 내밀

고 있었어요.

"집에 갈 때, 이 우유 팩 화분 하나씩 가져가세요. 식물들이 어떻게 자라고, 꽃을 피우는지 알아볼 거예요. 꽃만 있는 게 아니에요. 전부 다른 싹이랍니다. 여러분 화분에 어떤 꽃이 필지 선생님도 무척 궁금해요. 선생님한테 여러분의 멋진 꽃을 보여 줘요, 알았죠?"

"네!"

아이들은 신이 나서 큰 소리로 외쳤어요. 하지만 나나는 입을 삐죽이며 혼잣말을 했어요.

"체, 이딴 걸 뭣 하려 해? 어차피 금방 죽을 텐데……."

선생님은 손을 내저어 떠드는 아이들을 가라앉혔어요.

"그리고 목요일에 캠프 가는 거 알죠? 거기선 여러분이 스스로 해야 하니 준비물 빠뜨리지 않도록 주의하세요."

"선생님, 전 벌써 가방에 과자도 다 꾸려 놨어요."

기찬이의 말에 아이들이 와르르 웃었어요.

투덜투덜 삐죽이

나나는 오늘도 혼자서 교실을 나섰어요. 저 앞에서 아이들이 둘씩, 셋씩 짝을 지어 운동장을 가로질러 가고 있었어요. 아이들은 우유 팩 화분을 보물단지처럼 조심히 들고 갔어요.

나나는 신발 코만 내려다보며 힘없이 걸었어요. 그때 뒤에서 나나를 부르는 소리가 들렸어요.

"김나나, 같이 가자."

같은 모둠인 기찬이와 유진이, 연지, 태호였어요. 항상 즐거운 이기찬이 싱글거리며 앞장서서 달려왔어요.

"우리 같은 모둠이니까 캠프도 함께 가야지."

정태호와 다른 아이들은 뒤에서 불편한 얼굴로 따라왔어요. 나나는 혼자 가고 싶었지만, 이기찬이 팔을 잡아끌어서 어쩔 수 없이 아이들이 오기를 기다렸어요.

"이 꽃 진짜 예쁘지?"

유진이가 화단을 보며 말했어요. 유진이가 가리킨 꽃 앞에는 '금낭화'라는 팻말이 놓여 있었어요.

"난 이게 제일 예뻐."

연지가 활짝 웃으며 말했어요. 연지가 가리킨 꽃 앞에는 '팬지'라는 이름이 적힌 팻말이 있었어요. 그러자 기찬이가 빨간 꽃을 가리키며 "난 튤립!"이라고 소리쳤어요. 어색했던 아이들은 금세 웃음으로 환한 얼굴이 되었어요. 따스한 햇볕을 받아 활짝 핀 꽃처럼요.

그런데 나나는 지금껏 화단에 꽃이 핀 줄도 몰랐어요. 항상 땅만 보며 걸었으니까요.

기찬이가 우유 팩 화분을 소중하게 추켜 보이더니 말했어요.

"내 화분을 잘 키워서 학교에 다시 가져올 테야."

유진이가 말했어요.

"내 화분에선 빨간 꽃이 나왔으면 좋겠다. 아냐, 노란색이 더 예쁠지도 몰라."

태호가 말했어요.

"난 사진 찍어서 블로그에 올려야지."

"근데 호박이 자라면 어떡하니?"

연지의 말에 아이들은 마구 웃었어요.

나나도 자기 손에 있는 우유 팩을 보았어요. 손톱만큼 자그마한 싹이 보였어요.

"금방 죽고 말걸?"

아이들 얼굴에서 방싯거리던 웃음이 멈췄어요. 나나가 말했어요.

"육교에서 파는 병아리, 금방 죽는 거 몰라? 이것도 마찬가지야."

"이건 선생님이 주신 화분이잖아. 그거랑은 달라."

"다르긴 뭐가 달라? 틀림없이 금방 죽고 말 거야. 그리고 이런 거 가져가면 집 더럽힌다고 엄마한테 야단만 맞을걸? 잘 키워도 공부는 안 하고 엉뚱한 것에만 신경 쓴다고 쓰레기통에 버릴 거야."

나나의 말에 아이들 얼굴이 점점 어두워졌어요. 얼굴에서 햇살이 사라지고 어두운 그늘이 생기는 것 같았어요.

그때, 뒤에서 할아버지의 목소리가 들려왔어요.

"허허, 예쁜 꼬마 아가씨가 너무 부정적이구나."
"어, 교장 할아버지다! 아니, 교장 선생님!"

깜짝 놀란 기찬이가 뒤돌아보며 말했어요. 언제 왔는지 교장 할아버지가 화단 뒤편에 물뿌리개를 내려놓고 있었어요. 손에는 모종삽이 들려 있었어요.

나나네 학교 교장 선생님은 언제나 경비 아저씨처럼 편하게 옷을 입어요. 그러고는 항상 일을 하지요. 커다란 빗자루로 운동장을 쓸거나 나무들을 다듬고, 창문을 고치고, 의자를 고쳐요. 그래서 아이들은 자기도 모르게 교장 할아버지라고 부르곤 하지요.

교장 할아버지가 기찬이의 말을 듣고 기분 좋게 웃었어요.

"긍정적인 생각을 많이 해야지, 부정적인 생각만

하면 마음이 못 자란단다."

연지가 물었어요.

"부정적이 뭐예요? 왜 마음이 못 자라요?"

교장 할아버지는 쉬운 말을 찾는 듯 잠시 생각하다가 이렇게 말했어요.

"부정적이라는 건, 어두운 생각이란다. 안 된다고 투덜거리기만 하는 거지."

"어? 그거 김나나 별명인데 어떻게 아셨어요? 투덜투덜 삐죽이요. 투덜거릴 때 입이 삐죽 나오거든요."

정태호의 말에 교장 할아버지가 껄껄껄 웃었어요. 그러고는 나나를 보며 말했어요.

"반대로, 긍정적인 생각은 밝은 생각이야. '난 잘할 수 있어, 열심히 해 보자!' 하고 생각하는 건 긍정적이라고 하지. 긍정적인 생각은 마음에 빛을 주고, 부정적인 생각은 마음에 그늘을 만든단다."

"흥, 생각이 무슨 빛을 줘요? 말도 안 돼요."

교장 할아버지가 웃어서 나나는 창피했어요. 교장 할아버지는 화단에 활짝 핀 꽃들을 가리켰어요.

"여기 이 꽃들을 보렴. 꽃은 햇볕이 없으면 예쁘게 자라지 못한단다. 너희도 마찬가지지. 긍정적인 생각을 많이 하는 사람은 마음에 햇볕이 잘 들어서 무럭무럭 자라고 예쁜 꽃을 피울 수 있어. 하지만 부정적인 생각을 많이 하는 사람은 햇빛을 못 받아서, 잘 자랄 수 없게 되지."

"안 될 거라 생각한다고 못 자라는 게 어딨어요? 골고루만 먹으면 되지."

나나는 자기편을 안 들어준 교장 할아버지가 미웠어요. 화가 났어요. 그래서 인사도 안 하고 팩 돌아서서 혼자 가 버렸어요.

나나네 집은 학교 뒤편에 있어요. 그래서 학교 후문으로 가면 훨씬 빨라요. 학교 뒤편으로 돌아갔을 때, 연지가 치우자고 한 창고가 보였어요. 빈터에 큰 돌과 수북하게 말라붙은 풀들, 그리고 그 사이로 쓰레기가 있었어요. 이걸 치우자고 하다니 연지는 바보가 틀림없었어요. 일 년 내내 치워도 안 될 게 뻔해요. 손과 옷만 버릴 게 틀림없어요.

　손에 들린 우유 팩 화분이 눈에 들어왔어요. 교장 할아버지의 말이 떠올라 다시 화가 났어요. 나나는 건물 그늘의 잘 안 보이는 곳에 우유 팩 화분을 휙 던져 버렸어요.

　"가져가면 뭐해? 어차피 금방 죽을 건데."

네가 하는 일이 그렇지

나나가 집에 도착했을 때, 뱃속에서 꼬르르 소리가 났어요. 화가 나면 달콤한 게 먹고 싶어져요. 집에 들어갔을 때, 식탁 위에 맛있는 간식이 차려져 있다면 얼마나 좋을까, 생각했어요.

'엄마한테 떡볶이를 해 달라고 할까? 아니면 쿠키. 아니면 아이스크림을 사 달라고 해야지. 수학 시험도 두 개밖에 안 틀려서 92점이나 받았으니까.'

은근히 기대되었어요.

현관문을 열고 집에

들어서자마자 엄마가 다가왔어요.

"너 오늘 시험 봤지? 시험지 꺼내 봐."

"어떻게 알았어?"

엄마는 나나 가방을 열며 대꾸도 하지 않았어요. 그래서 나나는 오늘 학교에서 생긴 기분 나빴던 일에 대해서는 얘기하지도 못했지요.

시험지를 꺼낸 엄마는 눈을 동그랗게 뜨고는 앞뒤로 몇 번씩이나 뒤집어 보았어요. 시험지가 팔락거렸어요. 나나는 칭찬을 기대하며 어깨를 쭉 펴고 말했어요.

"92점 맞았어."

"뭐야? 두 개나 틀렸어?"

엄마의 목소리가 날카로웠어요.

솜사탕처럼 부풀었던 나나의 마음이 포옥 찌그러지다가 이내 뭉개져 버렸어요.

"두 개밖에 안 틀렸는데 왜?"

나나는 자신도 모르게 짜증스러운 말투로 말했어요.

"어머머, 얘 좀 봐. 뭘 잘했다고 큰소리야. 이렇게 쉬운 걸 틀리면 어떡해? 지난번에 풀었던 거잖아! 이것 좀 봐!"

나나의 얼굴이 딱딱하게 굳었어요.

엄마는 거실 바닥에 펼쳐 놓은 시험지를 자 끝으로 때리듯 딱딱 가리켰어요. 엄마의 목소리가 커질수록 나나의 가슴속에서는 부글부글 화가 끓어올랐어요.

"공부 좀 잘하랬잖아! 어이구, 속 터져. 네가 하는 일이 그렇지 뭐. 옆집 혜지는 다 맞았을 텐데. 넌 도대체 누굴 닮아서 이러니?"

참다못한 나나가 시험지를 팽개치며 벌떡 일어났어요.

"그래, 난 원래 공부 못해. 공부 잘하는 혜지한테 엄마 딸 하자고 그래."

나나는 쿵쿵 쾅쾅 소리를 내며 방으로 들어갔어요. 화가 났다는 걸 알려 주고 싶어서요. 그러자 엄마가 소리쳤어요.

"아니, 쟤가! 누군 이러고 싶어서 이러는 줄 아니? 나도 웃으면서 칭찬만 하고 싶어! 이게 다 너 잘되라고 하는 건데 왜 엄

마 마음을 몰라! 하이고, 속 터져!"

그러던 엄마가 조금 뒤 아무렇지도 않게 또 소리쳤어요.

"나나야, 내일 영어 학원 시험 있는 거 알지? 공부해! 머리가 안 되면 노력이라도 해야지!"

나나는 두 손으로 귀를 틀어막았어요.

"싫어! 안 해! 해 봤자 만날 야단만 맞을 건데 왜 해!"

캠프장에서 생긴 일

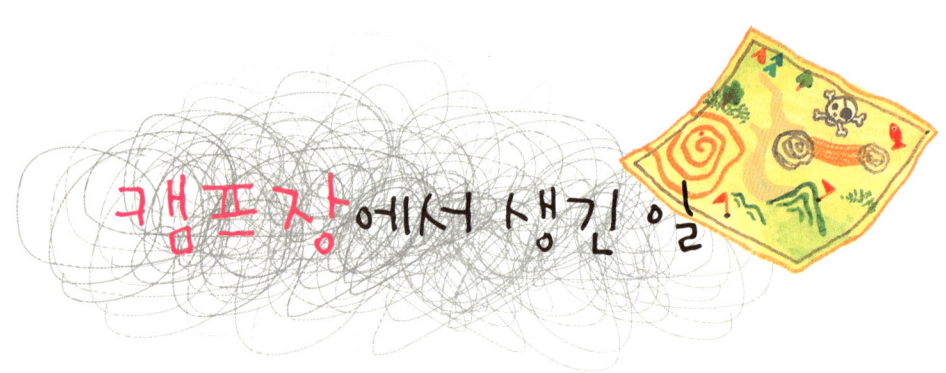

캠프 가는 날이 되었어요. 아이들의 발걸음은 사뿐사뿐 했어요. 룰루랄라 신이 나서 뛰는 것처럼 걸었어요. 등에 멘 배낭이 흔들흔들 했어요. 하지만 나나는 조금도 즐겁지 않았어요.

"벌레한테 물리고 힘들기만 할 걸 뭐하러 가는지 모르겠네."

앞에서 기찬이가 들뜬 마음에 조잘댔어요.

"정말 신 나지 않니? 캠프 말이야."

연지도 맞장구를 쳤어요.

"나도 캠프가 제일 좋아. 정말 기대되는걸."

"우리가 뭐든 스스로 한다잖아. 난 거기에서 할 수 있는 건 죄다 해 볼 거야."

태호의 말에 유진이가 "난 너만 따라다니면 되겠네."라고 했어요. 하하하 모두 웃었어요.

나나는 아이들이 시끄럽게 떠드는 게 정말 마음에 들지 않았어요.

"꼭 캠프 한 번도 못 가 본 유치원생들 같네. 아휴, 유치해."

그 말을 들은 아이들의 얼굴이 달라졌어요. 즐거움이 싹 달아나 버린 얼굴이었어요. 연지가 아이들을 둘러보며 한숨을 쉬었어요.

"캠프 동안 우리 계속 같은 모둠이지?"

모둠 아이들도 모두 기운 빠진 얼굴이 되고 말았어요. 버스는 미끄러지듯 내달렸지만, 나나네 모둠은 하나같이 입을 꾹 다물었어요.

캠프장의 하늘은 한없이 맑았어요. 다른 아이들의 얼굴에 웃

음과 햇살이 가득했어요.

선생님은 캠프장 규칙을 알려 주었어요.

"이번 캠프에선 여러분이 모든 걸 스스로 해야 해요. 텐트를 세우는 것도, 밥을 짓고 반찬을 만드는 것도요. 그리고 저녁에 모닥불 피울 나무도 구해 와야 해요. 모둠 친구들끼리 손과 머리를 모아서 잘 해 보세요. 힘을 합치면 아무리 어려운 일이라도 잘 해낼 수 있을 거예요."

아이들은 잔뜩 흥분된 얼굴이었어요. 밥을 짓는 건 모두 처음이었거든요. 그러나 나나네 모둠 아이들은 전혀 즐거워 보이지 않았어요. 나나가 또 '싫어!'라는 말을 시작했기 때문이에요.

연지가 각자 맡을 일들을 이야기하자고 했을 때, 나나는 이렇게 말했어요.

"난 싫어!"

"이건 캠프잖아. 선생님이나 어른의 도움 없이 우리끼리 해 보는 것도 재밌잖아."

유진이가 말했어요. 하지만 나나는 막무가내였어요.

"선생님들이 귀찮으니까 우리한테 시키려고 하는 건데, 그게 뭐가 재밌어?"

나나는 엄마와의 일을 생각했어요. 전에 엄마한테 공부를 물어봤을 때 엄마는 짜증을 내며 이렇게 말했어요.

"공부는 스스로 하는 거야. 엄마가 비싼 학원 보내 주는데 왜 그런 것도 혼자 못 하고 엄마를 귀찮게 해? 엄마도 온종일 집안일하느라 힘든 거 안 보여?"

그러면서 엄마는 텔레비전을 보았어요.

나나는 선생님들이 엄마와 똑같다고 생각했어요. 도와주기 귀찮고 싫은 거라고요.

그러는 동안, 다른 모둠 아이들은 먼저 텐트를 세우고, 밥 먹을 준비를 착착 해 나가고 있었어요. 나나네 모둠 아이들만 어쩔 줄 몰라 했어요.

"그럼 넌 밥 안 먹을 거야?"

태호가 버럭 화를 냈어요. 그러자 나나가 입을 삐죽 내밀었어요. 어느새 투덜투덜 삐죽이가 되어 있었어요. 기찬이가 얼른 나섰어요.

"내가 나나랑 밥할게. 나 밥 잘해. 우리 집은 일요일엔 엄마 쉬라고 아빠랑 내가 밥하거든. 태호랑 유진이, 연지 너희 셋은 텐트를 세우면 어때? 그리고 나무 모으는 건 먼저 끝내는 쪽이 빨리 모아 오기로 하자."

나나가 기찬이를 노려보았어요.

"말도 안 돼. 너 바보니? 왜 먼저 끝낸 쪽이 나무를 주워? 늦게 끝낸 쪽이 해야지."

"우린 같은 모둠이잖아. 먼저 끝난 쪽이 돕는 게 당연한 거잖아."

기찬이가 이상하다는 얼굴로 나나를 보았어요. 그러나 나나는 그런 기찬이가 더 이상했어요.

결국 나나네 모둠은 제일 꼴찌로 밥을 먹었어요. 다른 친구들은 밥을 다 먹고 캠프장 근처를 둘러보며 마음껏 놀고 있을 때, 나나네는 설거지를 했어요.

오후엔 보물찾기 놀이를 했어요.

"모둠별로 지도를 하나씩 받았죠? 감춰진 세 개의 보물을 찾아서 저 꼭대기 움막으로 오면 돼요. 지도마다 길도 다르고, 중간에 찾아야 할 보물도 다를 거예요. 그러니까 다른 모둠을 따라가는 건 아무 소용없어요."

아이들은 모둠별로 둘러서서 자기네 지도를 펼쳐 보았어요. 지도 위에 나침반을 올리고 이리저리 방향을 살폈어요.

"우린 〈황금 계곡 길〉이야. 보물 세 개를 제일 먼저 찾아오는 모둠한테는 황금 왕관을 준대! 우리가 제일 먼저 가자."

어떤 아이들은 미리 마구 달려가려고 했어요. 선생님이 손을 저으며 말했어요.

"가장 중요한 게 있어요. 반드시 모둠 모두가 함께 도착해야 해요. 혼자만 달려서 보물을 찾아와도 다른 친구들이 마지막에 들어오면 꼴찌인 거예요. 그러니까 느리거나 못하는 사람이 있어도 반드시 도와야겠지요?"

나나네 모둠도 재빨리 지도를 펼쳤어요. 나나네 모둠 지도에는 〈괴물의 숲길〉이라고 적혀 있었어요. 찾아와야 할 세 개의 보물은 '용의 불, 봉황의 알, 황금 꽃'이었어요.

"용의 불이 뭘까?"

"괴물의 숲길이래. 길 이름이 무시무시해. 진짜 용을 만나는 거야?"

"용이 어디 있니? 빨간 보석일 거야, 틀림없어."

태호와 기찬이가 떠들었어요. 그러는 동안 연지와 유진이는 나침반으로 북쪽을 찾고 지도를 맞추었어요. 벌써 방향을 찾아 달려가는 모둠도 있었어요. 한 아이가 넘어지자, 모두가 달려가 손을 잡아 주며 함께 달렸어요.

"우리도 빨리 가자. 이러다 늦겠어."

태호가 소리쳤어요.

괴물의 숲길

"저쪽이다. 우린 저 소나무 길로 들어가야 해!"

유진이가 말했어요. 아이들이 달리자, 나나도 뒤따라 달려야 했어요.

햇살은 점점 뜨거워졌어요.

첫 번째 보물인 '용의 불'은 쉽게 찾았어요. 빨간 천으로 만든 불꽃이 바위 근처 나뭇가지에 매달려 있었어요. 아이들은 용의 불을 가방에 넣고 바로 달렸어요. 저편에서도 첫 번째 보물을 "찾았다!" 하는 다른 모둠의 함성이 들려왔기 때문이에요.

산길을 달리는 건 매우 힘들었어요. 다리도 아프고, 숨도 찼어요. 나나는 슬슬 짜증이 나기 시작했어요.

그때 또 한 번의 함성이 계곡 길에서 들렸어요.

"찾았다! 두 번째 보물이다!"

나나는 우뚝 멈췄어요.

"나 그만 갈래. 하기 싫어!"

앞서 달려가던 아이들이 놀라서 달려왔어요.

"왜 그래, 김나나? 조금만 더 가면 두 번째 보물이야."

유진이도 숨을 헐떡이며 말했어요.

"보물은 뭐가 보물이야! 종이로 접은 학 알이겠지. 정말 유치해. 어차피 일등도 못 할 거야. 난 그만할래."

나나의 말에 화가 난 태호의 얼굴이 빨개졌어요.

"김나나, 또 시작이다."

"뭐? 힘든 게 내 잘못이야? 좋아, 난 그만둘 거니까 너희끼리 잘해 봐."

나나도 버럭 화를 냈어요.

"싸우지 마. 선생님 말씀 못 들었어? 모두 함께 와야 한다고 했잖아."

기찬이가 말했어요.

"싫어. 저런 애랑은 절대로 같이 못 해."

나나는 몸을 홱 돌렸어요. 연지와 유진이는 태호를 달랬어요.

"태호야, 네가 잘못했다고 해. 모두 함께 가야 하잖아."

"나도 못 해. 항상 잘못하는 건 김나나인데 왜 우리가 용서를

빌어야 해?"

태호의 말에 나나의 눈초리가 바짝 올라갔어요.

"흥, 어차피 일등도 못할 건데. 너희끼리 잘해 봐라, 바보들아!"

나나는 아래로 내려갔어요. 나나를 달래던 기찬이는 땅바닥에 주저앉고 말았어요.

"김나나가 같은 모둠 될 때부터 이럴 줄 알았어."

"한 명이라도 빠지면 안 되잖아. 그럼 우린 끝난 거야? 우리도 내려가야 해?"

"아니, 우린 포기하지 않을 거야. 일등은 못 하겠지만 그래도 세 번째 보물을 찾아서 가자."

"그래, 나도 꼭 찾고 싶어."

"나도, 나도."

혼자서 길을 내려가는 나나의 귀에서 다시 기운을 내는 아이들의 말소리가 점점 멀어져 갔어요.

"고생만 실컷 할 거다. 일등도 못 하는데 뭐하러 고생해?"

나나는 구불구불 오솔길을 가로질러 지름길로 내려갔어요. 빨리 내려가서 쉬고 싶었어요. 느릅나무도 지나고, 굴참나무도 지났어요. 나나 발소리에 놀란 청설모가 상수리나무를 타고 쪼르르 도망갔어요. 구불구불한 산길에서는 새소리도 별나게 컸어요. 숲 속은 고요했어요. 그래서 조금은 무서웠어요. 새가 푸드덕 날아올라 깜짝 놀라기도 했어요. 하지만 무서워하면 지는 거란 생각에 일부러 소리 내서 혼잣말을 했어요.

"너희 내 말 안 들은 거 후회하게 될 거다. 이미 하고 있는 줄도 모르지. 그러게 내 말을 좀 듣지."

나나는 터벅터벅 걸었어요. 꽤 걸었는데도 캠프장이 보이지 않았어요. 얼마쯤 더 가야 할지 몰랐어요. 지치고 목도 말랐어요. 지쳐서 바위 위에 앉으려는데, 그때 저쪽 끝에 움막 같은 게 보였어요.

"어, 내가 움막으로 온 건가? 그럼 애들보다 엄청 빨리 온 거네. 히히."

나나는 벌떡 일어나 그쪽으로 달려갔어요. 움막에 다가간 나나는 자기도 모르게 놀라 소리쳤어요.

"우아, 굉장하다!"

눈앞에 너무도 예쁜 꽃밭이 펼쳐져 있었어요. 본 적도 없는 빨강, 노랑, 파랑, 주황, 보라 꽃이 활짝 피었어요. 아름다운 꽃 위로 벌과 나비들이 날아다녔어요. 햇살을 가득 담은 그 꽃들은 하늘 아래서 가장 아름다웠어요.

그때였어요. 밀짚모자를 쓴 아저씨가 뚜벅뚜벅 걸어왔어요. 어디서 많이 본 것 같은 얼굴이었어요. 하지만 누군지 잘 기억이 나지 않았어요.

"나나, 왔니?"

"어? 아저씨는 누구세요? 어떻게 내 이름을 아세요?"

"나는 마음 정원을 가꾸는 정원사란다. 여기엔 어린이들의 마음이 자라고 있지. 꽃을 보렴. 이름표가 보이지?"

그러고 보니, 꽃마다 자그마한 이름표를 하나씩 가지고 있었어요.

나나가 아는 이름들도 보였어요.

"최연지 꽃."

빨간색 탐스러운 꽃망울이 금세라도 터질 것 같았어요.

"성유진 꽃!"

노란색 길쭉한 꽃이 활짝 피었어요.

"정태호 꽃!"

초록 대롱이 튼튼했어요.

"이기찬 꽃!"

주황빛 꽃술이 장난스럽게 반짝이는 가루를 품고 있었어요. 꽃나무들은 하나같이 밝은 햇살을 흠뻑 받고 있었어요. 나나는 두리번거리며 자기 꽃을 찾았어요.

"그럼 내 꽃도 있겠네요?"

나나는 자기 꽃은 얼마나 아름다울지 무척 기대됐어요. 정원사 아저씨가 손가락으로 옆쪽을 가리켰어요.

'김나나 꽃' 이름표를 달고 있는 꽃나무를 발견했어요. 하지만 그늘에서 작고 가느다란 꽃이 힘겹게 구부러져 고개를 내밀고 있었어요. 너무도 가늘고 약해서 금방이라도 바닥에 주저앉을 것 같았어요. 벌도 나비도 햇살도 아무도 찾아오지 않았어요. 나나는 울상이 되었어요.

"내 꽃은 왜 이래요?"

자기 이름표를 달고 있는 꽃이 불쌍해 눈물이 나오려고 했어요. 꽃은 작기만 한 게 아니었어요. 꽃잎도 삐죽삐죽 났어요. 구부러진 가운데 꽃술은 보기 흉하게 튀어나온 것 같았어요. 툭 튀어나온 입처럼 보기 싫었어요.

나나는 따지듯 물었어요.

"아저씨, 내 꽃나무는 왜 저래요? 물도 안 줬죠?"

정원사 아저씨가 빙그레 웃었어요.

"난 모든 꽃을 똑같이 소중하게 돌본단다. 물도 양분도 모두 똑같이 주지."

"하지만 내 꽃은 저렇게 작고 못생겼잖아요!"

"꽃을 자라게 하는 건 빛이란다."

그러고 보니 나나의 꽃은 그늘진 어두운 곳에 있었어요.

"그럼 제 꽃을 햇빛이 가장 잘 드는

곳으로 옮길 거예요."

나나는 정원사 아저씨의 삽을 뺏어 들었어요. 그러고는 자기 꽃을 흙째로 깊이 파서 햇빛이 밝은 곳으로 옮겼어요. 친구들 꽃이 있는 곳으로요.

그런데 놀라운 일이었어요. 나나 꽃은 여전히 그늘에 있었어요. 그래서 다른 곳으로 다시 옮겼어요. 그래도 나나 꽃에는 그늘이 졌어요.

"왜 이래요? 왜 내 꽃만 그늘이 따라다녀요?"

나나는 금방이라도 울 것 같았어요. 정원사 아저씨가 말했어요.

"이곳은 마음 정원이란다. 꽃에 빛을 줄 수 있는 건 꽃의 주인뿐이야. 꽃의 주인이 밝은 생각을 하면 꽃이 빛을 받고, 꽃의 주인이 어두운 생각을 많이 하면 마음 정원의 꽃은

어둠 속에만 있게 된단다."

"뭐라고요? 이게 다 나 때문이라고요?"

아저씨가 고개를 끄덕였어요.

"말도 안 돼요. 안 돼요."

나나는 펄쩍 뛰었어요.

아저씨는 말없이 정원의 샘물을 가리켰어요. 나나의 생활이 텔레비전 화면처럼 샘물에 보였어요.

샘물에 나나의 행동, 학교에서 생활하는 장면이 나오고 있었어요.

"해서 뭐하냐? 어차피 안 될 건데."

나나가 말하자, 나나 주위로 그늘이 짙어졌어요.

"싫어! 안 해! 그런 건 해서 뭐해!"

이렇게 말하자, 나나 주변은 겨울처럼 춥고 어두워졌어요. 다른 아이들은 모두 반짝반짝 봄 햇살을 받으며 환하게 웃고 있는데 나나 혼자 겨울 저녁 같은 어둠 속에 있었어요. 그리고 그것이 〈김나나 꽃〉으로 나타나고 있었어요.

나나는 샘물에서 고개를 들어 〈김나나 꽃〉을 보았어요. 샘물 속, 짙은 어둠 속에 있는 나나의 모습 그대로, 김나나 꽃도 짙은 어둠에 싸여 있었어요.

나나는 엉엉 울었어요.

"나 어떡해, 엉엉. 나도 빛을 주세요, 제발요."

아저씨는 어쩔 수 없다는 듯 고개를 절레절레 흔들었어요.

"미안하구나. 네 마음 정원에 빛을 줄 수 있는 건 너뿐이란다. 나는 그저 물을 주고 벌레를 잡아 줄 수밖에 없어. 네 꽃에 빛을 줄 수 있는 건 오직 너뿐이야."

나나는 주저앉아 고개를 묻고 엉엉 울었어요.

낯선 손이 나나의 어깨를 잡았어요.

"나나야, 일어나!"

그 손이 나나의 어깨를 흔들었어요.

"김나나, 여기서 자고 있으면 어떡해. 다들 얼마나 걱정한 줄 아니?"

나나는 번쩍 눈을 떴어요. 글쎄 자신이 너럭바위에서 몸을

웅크린 상태로 자고 있었던 거예요.

"선생님, 마음 정원은 어디 갔어요?"

"마음 정원? 네가 무서운 꿈을 꿨나 보구나. 자면서 울기까지 하고."

선생님이 웃으며 나나를 바라보았어요.

나나는 눈을 비비며 마음 정원이 있던 곳을 다시 바라보았어요. 거기엔 그냥 흔한 숲 속 빈터가 있을 뿐이었어요.

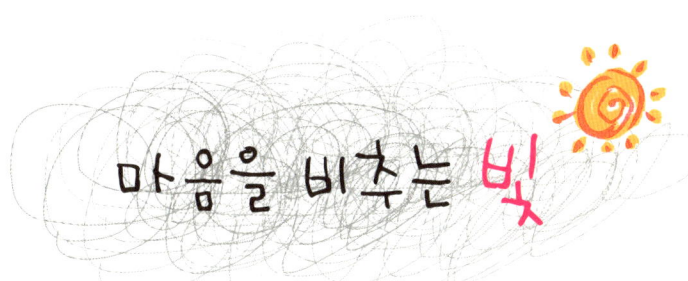

캠프에서 돌아온 다음 날부터 아무도 나나와 말을 하지 않았어요.

"김나나 때문에 캠프 다 망쳤어."

"나나랑은 놀기 싫어. 나나 옆에 있으면, 왠지 나도 기분이 어두워지는 것 같아."

나나는 거울을 보았어요. 자신의 얼굴도 어두워 보였어요. 어두운 생각이 어둠을 만들어 낸다는 말이 맞는 것 같았어요. 마음뿐 아니라 얼굴에도요.

오늘은 엄마가 청소 도우미로 학교에 온다고 했어요. 나나는 엄마가 학교에 오는 게 정말 싫었어요. 집에 돌아가서 엄마한테 잔소리를 들어야 하거든요.

"누구는 하나도 안 떨고 말만 잘하던데, 넌 왜 그렇게 말을 더듬어?"

"어머, 그 애는 대답을 세 번이나 하던데, 넌 왜 꿀 먹은 벙어리야?"

"수업 중에는 선생님만 봐야 하는 거야."

오늘도 엄마가 복도 창문에서 교실을 들여다보고 있었어요. 선생님이 모둠 발표에 대해 말할 때였어요.

"내일은 모둠을 지어서 이야기를 만들고 발표할 거예요. 분단별로 한 모둠이에요."

그때 태호가 손을 번쩍 들었어요.

"선생님, 이번엔 다른 식으로 모둠 짜요. 저희는 항상 같은 사람하고만 하잖아요."

"맞아요, 선생님. 저도 다른 친구들과 모둠 해 보고 싶어요."

유진이도 나나를 슬쩍 보며 태호를 거들었어요. "그래요, 맞아요.", "우리만 항상 김나나랑 같은 모둠 하잖아."라고 하며 연지와 기찬이도 고개를 끄덕였어요. 나나는 얼굴이 빨개졌어요. 엄마가 문 쪽에 바짝 귀를 갖다 댔어요.

선생님은 아이들의 시끄러운 소리에 얼굴을 찌푸렸어요.

"그럼 이번엔 번호 순서대로 다섯 명씩 모둠을 해 보는 건 어때요?"

그러자 수미가 벌떡 일어났어요. 수미는 나나 다음 번호예요.

"안 돼요, 선생님! 원래 하던 대로 해요. 저도 김나나랑은 모둠 하기 싫어요!"

"저도 못 해요. 김나나는 항상 안 된다고만 하고 투덜거리기만 해서 다른 사람 기분까지 망쳐 놓는다고요."

나나 앞 번호인 민혁이였어요. 교실이 술렁거렸어요.

나나 얼굴이 더욱 빨개졌어요. 화난 사람처럼 굳은 엄마의 얼굴이 보였어요. 눈물이 쏟아질 것 같아서 어디로라도 도망치고 싶었어요. 나나는 벌떡 일어나 뒷문을 열고 달려 나갔어요.

"김나나, 어디 가!"

복도에 있던 엄마가 화난 목소리로 나나를 불렀어요.

나나는 정신없이 달렸어요. 발이 아파 멈춰 보니 학교 후문 쪽 창고 옆이었어요. 나나는 창고 옆 그늘에 주저앉았어요. 옆에 자기가 버린 우유 팩 화분이 쓰러져 있었어요. 나나가 그늘 속에 던져 버린 우유 팩 화분에서 가느다란 줄기가 힘겹게 나와 있었어요. 그늘 바깥의 풀들은 짙은 녹색으로 무럭무럭 자랐는데, 그늘에 버려진 우유 팩의 싹은 실처럼 가느다랗어요. 꽃은커녕 얼마 살지도 못할 것처럼 보였어요.

나나는 자기가 꼭 우유 팩 화분의 꽃 같다는 생각이 들었어요. 그 생각이 들자, 너무도 슬퍼져서 큰 소리로 엉엉 울었어요. 엄마가 나나를 찾아왔어요. 뒤에는 선생님이 있었어요. 엄마는 아무 말도 하지 않았어요.

나나가 울면서 말했어요.

"나도 얘처럼 잘 자라지 못할 거야."

엄마가 딱딱한 목소리로 말했어요.

"약한 소리 하지 마. 넌 누구보다 예쁘게 자랄 거야."

"난 항상 그늘에만 있잖아. 엄마는 만날 나한테 야단만 치고, 내가 아주 열심히 했는데도 엄마 맘에 안 든다고 뭐라 하잖아. 그러니까 난 못 자랄 거야. 난 안 될 거야. 난 예쁜 꽃도 못 피우고 얘처럼 그늘에서 시들어 죽게 될 거야."

엄마가 펄펄 화를 냈어요.

"그렇게 약한 소리나 해 대니까 애들이 널 얕보지! 네가 공부 일등만 해 봐! 너랑 친해지려고 다들 안달일 거다!"

"저, 나나 어머니……."

선생님이 엄마를 불렀어요. 선생님이 주저하다가 조심스럽게 말했어요.

"나나 어머니께서 아셔야 할 일이 있습니다."

선생님은 캠프에서 있었던 일을 엄마에게 말했어요. 아이들이 나나를 떠나 버린 이야기와 나나 혼자 길을 잃고 울다가 잠들었다는 이야기를요. 그리고 아무도 모른다고 생각했던 나나의 학교생활에 대해서도요.

선생님의 이야기를 들으며 엄마 얼굴이 점점 울음으로 가득

찼어요. 엄마가 나나 옆에 주저앉았어요.

그때 교장 할아버지가 왔어요. 모퉁이에 세워 둔 손수레에는 거무스름한 퇴비가 잔뜩 실려 있었어요. 이야기를 모두 들었나 봐요.

교장 할아버지가 말했어요.

"어머니, 결과만으로 아이를 판단하지 마시고, 아이가 얼마나 열심히 했는지를 봐 주세요. 큰 나무일수록 자라고 꽃을 피우는 데 시간이 오래 걸린답니다. 이제 겨우 싹을 틔운 나무를 보며 왜 빨리 열매를 보이지 않느냐고 야단치는 건, 빨리 자라지 않는다고 땅에서 뽑아 올리는 거나 마찬가지지요."

엄마의 고개가 푹 떨구어졌어요.

조금 뒤, 엄마가 나나를 안으며 말했어요.

"미안해, 나나야! 엄마가 잘못했구나."

"소용없어요. 전 이제 끝났어요. 이 우유 팩 화분처럼요."

교장 할아버지가 말했어요.

"걱정하지 마라. 저 새싹도 햇빛만 다시 잘 받으면 튼튼하게 잘 자란단다. 그게 어린싹의 놀라운 점이지."

"저도 잘 자랄 수 있나요?"

"그럼, 물론이지. 저기 운동장에 가장 큰 나무 보이지? 저 나무는 원래 여기 창고 그늘에 있던 거란다. 내가 이 학교에 처음 왔을 때였어. 그늘에서 못 자라길래 저곳에 옮겨 줬지. 그땐 가장 작고 약한 묘목이었는데, 지금은 우리 학교에서 가장 큰 나무가 되었잖니. 아니, 아마 우리 마을에서 가장 큰 나무일걸?"

"하지만 전 햇빛이 하나도 없는 걸요. 친구들도 제가 너무 어둡대요."

"밝은 사람이 되는 건 어렵지 않단다. '열심히 해 보자!'라는

마음으로 작은 거라도 시작하는 거야. 그럼 안 된다며 아무것도 안 하고 있을 때보다 하나는 더 이뤄진 거지. 그렇게 시작하는 거란다. 그럼 네 마음에도 밝은 빛이 가득 차게 될 거야."

나나는 우유 팩 화분을 조심스레 들고 창고 그늘에서 나왔어요. 뭔가 가늘지만 밝은 햇빛이 마음에 비치는 것 같았어요.

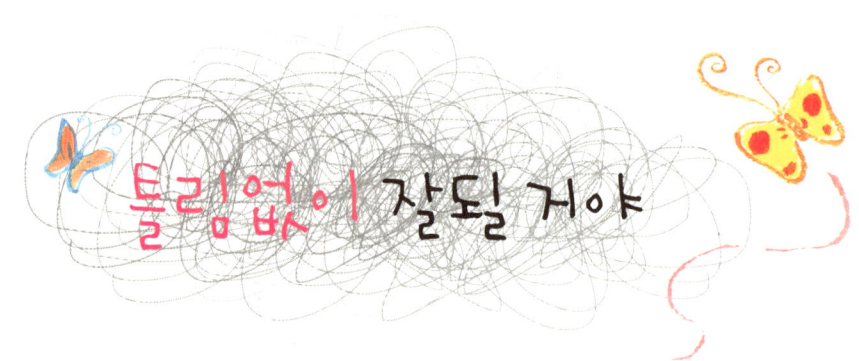

틀림없이 잘될 거야

나나는 돌덩이를 캐냈어요. 얼굴에서 땀이 흘러내렸어요. 나나는 창고 앞을 치우고 있었어요. 어깨와 손이 아팠지만 나나는 조금도 힘들다는 생각이 들지 않았어요.

나나는 아침마다 한 시간씩 일찍 학교에 와서 이곳을 치웠어요. 점심시간에도 밥을 먹자마자 이곳으로 왔어요. 아이들이 달라진 나나를 보며 고개를 갸우뚱하거나 어깨를 으쓱하며 돌아갔어요.

"김나나가 이상해. 저길 혼자서 청소하고 있어."

"벌 받는 거 아닐까? 김나나는 이런 일을 스스로 할 애가 아니잖아."

"벌이 아니라고? 그럼 얼마 못 가서 그만두겠네. 최연지가 여기 청소하자고 할 때, 절대 못 한다고 했잖아."

아이들이 수군거렸지만 나나는 그 일을 멈추지 않았어요. 자기가 버린 우유 팩 화분에 햇빛 밝은 멋진 화단을 만들어 주고 싶었어요. 연지에게도 사과하고 싶었고요. 힘은 들었지만 나나는 정말로 즐거웠어요.

처음에는 막막하기만 했어요. 혼자서는 절대로 할 수 없다는 생각이 들었어요. 하지만 돌 하나, 쓰레기 하나씩 치워 나가면 언젠가 깨끗해질 거라고 생각했어요. 하루도 쉬지 않고 쓰레기를 줍고, 잔뜩 우거진 마른 풀을 뽑아내고, 돌멩이를 캐냈어요. 한 뼘씩 한 뼘씩 땅이 깨끗해질 때마다 나나의 마음도 밝은 빛으로

가득 차는 것 같았어요.

점심때, 나나가 큰 돌멩이를 들어내느라 끙끙거리는데 누군가의 손이 돌멩이를 같이 들어 주었어요. 연지였어요.

"고마워!"

나나의 말에 연지가 씽긋 웃었어요. 그러고는 나나를 계속 거들었어요.

다음 날 점심시간에는 유진이와 기찬이가 창고 앞에 왔어요.

"나나 네가 이런 아이인 줄 몰랐어. 우린 네가 투덜거리기만 하는 아이인 줄 알았어. 오해해서 미안해."

"내가 미안해. 난 진짜로 투덜거리기만 하던 애였잖아. 날 다시 친구로 받아 줘서 고마워."

그때 저쪽에서 태호가 손수레를 끌고 달려왔어요.

"큰 돌은 내게 맡겨. 내가 다 치워 줄 테다!"

"우리 모둠, 다시 시작한 거지?"

나나는 처음으로 환하게 웃었어요.

나나와 연지, 유진이, 태호, 기찬이는 조금 떨리는 얼굴로 창고 앞에 서 있었어요. 다섯 친구의 손은 모두 상처투성이였어요. 하지만 얼굴에는 '행복합니다.'라는 말이 쓰인 것 같았어요. 등 뒤로 멋진 화단이 만들어져 있었거든요. 화단엔 온갖 꽃들이 아름답게 피어 있었어요. 그 꽃들은 모두 반 아이들의 우유 팩 화분 꽃들이었어요. 물론 그중에는 멋지게 자라기 시작한 나나의 우유 팩 화분 꽃도 있었어요.

"오신다!"

태호가 소리쳤어요.

저쪽에서 교장 할아버지와 선생님들이 오고 있었어요. 오늘은 '멋진 학교 만들기 대회'를 심사하는 날이거든요.

선생님들은 나나와 친구들이 만든 꽃밭을 보며 놀랐어요. 교장 할아버지가 감탄하며 말했어요.

"여기가 이렇게 멋지게 변하리라고는 생각도 못 했구나."

"이걸 너희가 직접 만들었단 말이니?"

옆 반 선생님이 물었어요.

"네!"

태호가 큰 소리로 말했어요. 그런데 교장 할아버지는 아이들을 둘러보며 얼굴을 살짝 찡그렸어요.

"상 받을 욕심에 너무 심한 일을 한 것 같구나!"

그러자 나나가 말했어요.

"저희에게 상을 주지 않으셔도 괜찮아요. 상을 받으려고 꽃

밭을 만든 게 아니거든요."

"그럼 무엇 때문에 이렇게 어려운 일을 했지?"

교장 할아버지가 묻자, 나나가 솔직하게 대답했어요.

"우유 팩 화분의 꽃들에 튼튼하게 자랄 멋진 땅을 주고 싶었어요. 저희 꽃들에 밝은 햇빛을 주고 싶었어요. 그리고 나중에는 친구들과 함께 무언가를 하는 게 너무나 즐거웠기 때문에 한 거였어요."

"음, 그렇다면 으뜸상은 결정이 난 것 같군요."

교장 할아버지가 웃으며 엄지손가락을 들어 올렸어요. 모둠 친구들은 모두 껴안고 소리를 질렀어요.

나나는 웃고 있는 교장 할아버지를 보다가 누군가와 닮았다는 생각이 들었어요.

"분명히 누군가를 닮았는데……. 앗, 마음 정원 아저씨!"

교장 할아버지는 캠프 때 꿈에서 본 마음 정원 아저씨와 똑 닮았어요. 하얀 수염만 없다면 교장 할아버지는 확실히 마음 정원 아저씨였어요.

교장 할아버지가 한쪽 눈을 찡긋하며 손가락을 입술에 댔어요. 비밀이라는 듯이요. 그러고는 나나에게만 들리는 작은 목소리로 말했어요.

"마음 정원의 나나 꽃이 아주 예쁘게 자라고 있다는구나. 햇빛을 가득 받고 있거든."

나나는 환하게 웃었어요. 나나의 얼굴이 화단에 가득한 꽃처럼 예쁘게 빛났어요.

나의 부정 지수 테스트

나는 부정적인 어린이일까요, 긍정적인 어린이일까요? 자신은 그렇지 않다고 생각해도, 자신도 모르게 생각이나 행동이 부정적일 수 있어요. 나는 어떤 사람일까요? 아래 내용에서 표시한 내용이 다섯 개 이상이라면 자신에 대해 다시 생각해 봐야 해요.

① 노력해 봐야 틀림없이 안 될 거라고 생각한다.
② 결과가 중요하다. 과정이 어떻든 상관없다.
③ 나한테만 자꾸 귀찮은 일이 생긴다는 생각이 든다.
④ 아무것도 하고 싶지 않다.
⑤ 내 친구는 온통 단점투성이다.
⑥ 엄마한테 자꾸 볼멘소리를 한다. 불만이 너무 많다.
⑦ 다른 사람의 말은 듣고 싶지 않다.
⑧ 얼굴을 자꾸 찡그리며 말한다.
⑨ 내 생각을 자세히 말하는 것도 귀찮다.
⑩ 남을 흉보거나 놀리는 것이 재밌다.

긍정 지수 높이는 방법

요즘 내가 조금 부정적인 생각을 하고 있었더라도, 조금만 노력하면 긍정적인 어린이로 다시 태어날 수 있어요. 아래 있는 내용을 하나씩 실천해 볼까요?

❶ 어떤 일이든 좋은 면을 먼저 찾아봐요.

❷ 아침에 일어나자마자 밝은 생각을 해요.

❸ 매일 운동하고 음식도 골고루 먹어요.

❹ '이것만은 내가 최고야!'라고 말할 수 있는 것을 찾아봐요.

❺ 친구들의 좋은 점을 배워요.

❻ 친구와 교환 일기, 우정 일기를 써요.

❼ 푸른 식물과 꽃, 애완동물을 키워요.

❽ 매일 한 가지씩 친구를 칭찬해요.

❾ 잠자기 전에 오늘 있었던 일을 생각해 보고 감사 일기를 써요.

❿ 거울 앞에 서서 자신을 칭찬해요.

친구와 함께 실천하기

습관적인 행동이 하루아침에 바뀌지는 않아요. 하지만, 조금씩 노력하다 보면 좀 더 나은 '나'로 바뀔 수 있을 거예요. 혼자서 하기 어렵다면 가족 혹은 친구들과 함께 실천해 봐요.

1 어두운 말보다는 밝은 말 쓰기
- '싫어!', '몰라!' 같은 말보다는 '좋아!', '해 보자!' 같은 말을 써요.

2 친구의 매력을 말해 주기
- 넌 이 색깔 옷이 참 어울려.
- 넌 웃는 모습이 정말 예뻐!

3 '내 탓, 네 덕'이라고 말하기
- 미안해, 내 잘못이야.
- 고마워, 네 덕이야.

4 내 고집만 부리지 않기
- 난 노란색이 좋아. 네 생각은 어때?
- 그래, 함께 생각해 보자.

5 상대방의 입장이 되어 보기
- 네가 연지라면 어땠을까?
- 내가 고집부려서 엄마는 많이 속상했겠다.

6 내 마음을 표현하기
- 어제는 정말 고마웠어.
- 엄마, 아빠 감사합니다.

7 신중하게 말하기
- 앞으로는 한 번 더 생각해 보고 말할래.
- 그래. 말 한마디로 천 냥 빚을 갚는다잖아.

8 함께 꿈을 이야기하기
- 넌 꿈이 뭐니?
- 꿈을 이루려면 어떻게 해야 할까?
- 네 꿈은 꼭 이루어질 거야!

긍정적인 말하기는 나의 힘!

부정적인 나나의 말을 긍정적인 말로 고쳐 볼까요?

내 얼굴을 빛나게 하는 말! 말! 말!

'말은 곧 그 사람이다'라고 하지요? 사람이 말을 어떻게 하느냐에 따라 그 사람을 판단하게 된다는 의미예요. 긍정적인 사람이 되기 위해, 친구들과 함께 긍정적으로 말하도록 노력해 봐요.

국립중앙도서관 출판시도서목록(CIP)

그래, 잘될 거야! : 긍정적인 아이로 키워주는 책 / 글: 정란희 ;
그림: 최현묵. — 고양 : 위즈덤하우스, 2012
   p. ;   cm. — (좋은습관 길러주는 생활동화 ; 14)

ISBN 978-89-6247-334-6 74810 : ₩8500
ISBN 978-89-92010-33-7(세트) 74810

생활 동화[生活童話]

813.8-KDC5   CIP2012001636

긍정적인 아이로 키워주는 책
그래, 잘될 거야!

초판 1쇄 발행 2012년 4월 30일   초판 5쇄 발행 2014년 6월 20일

글 정란희   그림 최현묵
펴낸이 연준혁   스콜라 부문대표 황현숙

출판 5분사   분사장 배재성   1부서 편집장 윤지현
책임편집 김숙영   디자인 오세라
제작 이재승

펴낸곳 (주)위즈덤하우스   출판등록 2000년 5월 23일 제13-1071호
주소 경기도 고양시 일산동구 정발산로 43-20 센트럴프라자 6층
전화 (031)936-4000   팩스 (031)903-3891
전자우편 scola@wisdomhouse.co.kr   홈페이지 www.wisdomhouse.co.kr
출력 플러스안   종이 월드페이퍼   인쇄 (주)현문   제본 신안제책

ⓒ정란희, 2012
ISBN 978-89-6247-334-6 74810
ISBN 978-89-92010-33-7(세트)

이 책은 저작권법에 따라 보호받는 저작물이므로 무단전재와 무단복제를 금지하며,
이 책 내용의 전부 또는 일부를 이용하려면 반드시 저작권자와 (주)위즈덤하우스의 동의를 받아야 합니다.
  * 잘못된 책은 바꿔 드립니다.   * 책값은 뒤표지에 있습니다.

스콜라는 (주)위즈덤하우스의 아동·청소년 브랜드입니다.